Tendance recettes

gaufres et beignets

W0416900

ARTÉMIS ÉDITIONS

gaufres
et beignets

➤ Un gaufrier est indispensable à la cuisson des gaufres. Il est inutile de graisser les gaufriers électriques car ceux-ci possèdent souvent un revêtement antiadhésif.

➤ Les gaufres se prêtent à toutes les fantaisies, en se dégustant nature, nappées de confiture ou d'une sauce au chocolat, garnies de chantilly ou de fruits frais..., ou bien avec des garnitures salées.

➤ Pour obtenir une pâte à beignets sans grumeaux, il faut mélanger doucement les ingrédients. Si des grumeaux se forment, passez la pâte à travers un chinois, puis laissez-la reposer au moins 1 h.

➤ Ne mettez pas trop de beignets en même temps dans le bain de friture car, en gonflant, ils se colleraient les uns aux autres. En outre, immerger une grande masse froide refroidit l'huile et nuit à la cuisson.

P : temps de préparation. M : temps de marinade. E : temps d'égouttage. T : temps de trempage. R : temps de repos. C : temps de cuisson.

SOMMAIRE

gaufres *forestières*

[Pour 4 personnes]

facile **préparation : 30 min**
repos : 1 h 30 **cuisson : 5 min**

ingrédients

- 150 g de farine
- 50 g de poudre de noisettes
- 1/2 sachet de levure chimique
- 1 pincée de sel
- 60 g de beurre fondu
- 25 cl de lait
- 2 œufs
- 40 g de beurre
- 500 g de champignons des bois
- 1 cuillère à soupe de persil haché
- 1 échalote hachée

remarque

Cette recette est délicieuse avec un petit cordon de jus de rôti de bœuf.

préparation

1. **Mélangez la farine,** la levure, le sel, le beurre, le lait et les œufs battus en omelette pour former une pâte lisse et homogène. Laissez reposer 1 h 30 au frais.

2. **Allumez votre gaufrier** et passez du papier absorbant trempé dans de l'huile sur les deux panneaux du gaufrier. Huilez les panneaux entre chaque gaufre.

3. **Faites cuire** vos gaufres et réservez.

4. **Dans une grande poêle,** faites colorer les champignons avec le beurre et l'échalote pendant 8 min et assaisonnez.

5. **Dressez les assiettes** en posant les champignons entre deux gaufres et servez.

gaufres *madame*

[Pour 4 personnes]

facile **préparation : 30 min**
repos : 1 h 30 **cuisson : 5 min**

ingrédients

- 200 g de farine
- 1/2 sachet de levure chimique
- 1 pincée de sel
- 60 g de beurre fondu
- 25 cl de lait
- 2 œufs
- 4 tranches de jambon blanc
- 4 œufs

Pour la sauce béchamel :

- 25 cl de lait
- 20 g de beurre
- 20 g de farine
- 100 g de gruyère râpé
- 1 pincée de muscade
- Sel

préparation

1 **Mélangez la farine,** la levure, le sel, le beurre, le lait et les 2 œufs battus en omelette pour obtenir une pâte lisse et homogène. Laissez reposer 1 h 30 au frais.

2 **Allumez votre gaufrier** et passez du papier absorbant trempé dans de l'huile sur les deux panneaux du gaufrier. Huilez les panneaux entre chaque gaufre.

3 **Faites cuire** vos gaufres et réservez.

4 **Pour la béchamel,** faites ramollir 20 g de beurre et mélangez avec 20 g de farine. Versez dessus 25 cl de lait bouillant et faites cuire 2 min en remuant avec un fouet. Ajoutez le gruyère et la pincée de muscade, salez. Laissez de côté.

5 **Montez les gaufres** madame en posant une couche de béchamel sur une gaufre, puis une tranche de jambon, puis une gaufre et encore de la béchamel. Pour finir, gratinez-les au four pendant 2 min.

6 **Servez** en posant un œuf poêlé sur chaque gaufre madame.

gaufres à la chantilly

[Pour 4 personnes]

assez facile
repos : 1 h 30
préparation : 30 min
cuisson : 5 min

ingrédients

- 200 g de farine
- 1/2 sachet de levure chimique
- 60 g de sucre en poudre
- 1 pincée de sel
- 2 sachets de sucre vanillé
- 60 g de beurre fondu
- 40 cl de lait
- 2 œufs
- 3 cuillères à soupe de sucre glace
- 25 cl de crème liquide
- 1/2 cuillère à café d'extrait de vanille

préparation

1. MÉLANGEZ LA FARINE, la levure, le sel, 10 g de sucre, le beurre, le sucre vanillé, le lait et les œufs battus en omelette pour former une pâte lisse et homogène. Laissez reposer 1 h 30 au frais.

2. ALLUMEZ VOTRE GAUFRIER et passez du papier absorbant trempé dans de l'huile sur les deux panneaux du gaufrier. Huilez les panneaux entre chaque gaufre.

3. FAITES CUIRE vos gaufres, puis saupoudrez-les de sucre glace.

4. MONTEZ LA CRÈME chantilly en ajoutant à la fin 50 g de sucre et 1/2 cuillère à café d'extrait de vanille.

5. À L'AIDE D'UNE POCHE à douille ou d'une cuillère, garnissez les gaufres de chantilly.

gaufres *à la confiture*

[Pour 4 personnes]

facile
repos : 1 h 30
préparation : 30 min
cuisson : 5 min

ingrédients

- 200 g de farine
- 1/2 sachet de levure chimique
- 1 pincée de sel
- 15 g de sucre
- 60 g de beurre fondu
- 40 cl de lait
- 2 œufs
- Zeste râpé d'1/2 orange
- 3 cuillères à soupe de sucre glace
- 1 pot de confiture

préparation

1. **Mélangez la farine,** la levure, le sel, le sucre, le beurre, le lait, le zeste et les 2 œufs battus en omelette pour obtenir une pâte lisse et homogène. Laissez reposer 1 h 30 au frais.

2. **Allumez votre gaufrier** et passez du papier absorbant trempé dans de l'huile sur les deux panneaux du gaufrier. Huilez les panneaux entre chaque gaufre.

3. **Faites cuire** vos gaufres, puis saupoudrez-les de sucre glace.

4. **Nappez** de confiture de votre choix.

gaufres
à la noix de coco

[Pour 4 personnes]

facile **préparation : 30 min**
repos : 1 h 30 **cuisson : 6 min**

ingrédients

- 150 g de farine
- 50 g de poudre de noix de coco
- 1/2 sachet de levure chimique
- 1 pincée de sel
- 15 g de sucre
- 60 g de beurre fondu
- 40 cl de lait
- 2 œufs
- 3 cuillères à soupe de Malibu
- 3 cuillères à soupe de sucre glace
- 2 cuillères à soupe de poudre de noix de coco

préparation

1 MÉLANGEZ LA FARINE, la levure, le sel, le sucre, le beurre, le lait, la poudre de noix de coco, le Malibu et les 2 œufs battus en omelette pour obtenir une pâte lisse et homogène. Laissez reposer 1 h 30 au frais.

2 ALLUMEZ VOTRE GAUFRIER et passez du papier absorbant trempé dans de l'huile sur les deux panneaux du gaufrier. Huilez les panneaux entre chaque gaufre.

3 FAITES CUIRE vos gaufres 6 min. Saupoudrez de sucre glace et de poudre de noix de coco.

gaufres *au chocolat*

[Pour 4 personnes]

facile
repos : 1 h 30
préparation : 30 min
cuisson : 5 min

ingrédients

- 200 g de farine
- 1/2 sachet de levure chimique
- 1 pincée de sel
- 15 g de sucre
- 60 g de beurre fondu
- 40 cl de lait
- 2 œufs
- 3 cuillères à soupe de sucre glace

Pour la sauce au chocolat :

- 100 g de chocolat noir
- 16 cl de crème liquide
- 20 g de beurre

préparation

1. **Mélangez la farine,** la levure, le sel, le sucre, le beurre, le lait et les 2 œufs battus en omelette pour obtenir une pâte lisse et homogène. Laissez reposer 1 h 30 au frais.

2. **Faites bouillir** la crème. Versez-la sur le chocolat coupé en dés et le beurre et mélangez.

3. **Allumez votre gaufrier** et passez du papier absorbant trempé dans de l'huile sur les deux panneaux du gaufrier. Huilez les panneaux entre chaque gaufre.

4. **Faites cuire** vos gaufres et saupoudrez de sucre glace.

5. **Nappez de sauce** au chocolat.

gaufres *au sucre*

[Pour 4 personnes]

facile
repos : 1 h 30
préparation : 30 min
cuisson : 5 min

ingrédients

- 200 g de farine
- 1/2 sachet de levure chimique
- 1 pincée de sel
- 15 g de sucre
- 60 g de beurre fondu
- 40 cl de lait
- 2 œufs
- 3 cuillères à soupe de sucre glace

préparation

1. **Mélangez la farine,** la levure, le sel, le sucre, le beurre, le lait et les œufs battus en omelette pour obtenir une pâte lisse et homogène. Laissez reposer 1 h 30 au frais.

2. **Allumez votre gaufrier** et passez du papier absorbant trempé dans de l'huile sur les deux panneaux du gaufrier. Huilez les panneaux entre chaque gaufre.

3. **Faites cuire** vos gaufres. Saupoudrez-les de sucre glace.

gaufres *aux fraises et à l'huile d'olive*

[Pour 4 personnes]

facile
repos : 1 h 30
préparation : 30 min
cuisson : 5-6 min

ingrédients

- 200 g de farine
- 1/2 sachet de levure chimique
- 1 pincée de sel
- 15 g de sucre
- 60 g de beurre fondu
- 40 cl de lait
- 2 œufs
- 3 cuillères à soupe de sucre glace
- 200 g de fraises
- 2 sachets de sucre vanillé
- Zeste râpé d'un 1/2 citron vert
- 2 cuillères à soupe de sucre semoule
- 2 cuillères à soupe d'huile d'olive

préparation

1. **Mélangez la farine,** la levure, le sel, le sucre, le beurre, le lait et les 2 œufs battus en omelette pour obtenir une pâte lisse et homogène. Laissez reposer 1 h 30 au frais.

2. **Allumez votre gaufrier** et passez du papier absorbant trempé dans de l'huile sur les deux panneaux du gaufrier. Huilez les panneaux entre chaque gaufre.

3. **Faites cuire** vos gaufres de 5 à 6 min, puis saupoudrez-les de sucre glace.

4. **Enlevez le pédoncule** des fraises et coupez-les en petits dés.

5. **Dans un bol,** mélangez les fraises avec le sucre, le sucre vanillé, le zeste de citron vert et l'huile d'olive.

6. **Partagez les fraises** entre les gaufres et servez.

gaufres *aux fruits secs*

[Pour 4 personnes]

facile
repos : 1 h 30
préparation : 30 min
cuisson : 6 min

ingrédients

- 150 g de farine
- 1/2 sachet de levure chimique
- 1 pincée de sel
- 20 g de dattes hachées
- 20 g de figues hachées
- 20 g de pistaches hachées
- 20 g raisins secs
- 60 g de beurre fondu
- 25 cl de lait
- 1 pincée de muscade
- 2 œufs
- 3 cuillères à soupe de sucre glace

préparation

1. MÉLANGEZ LA FARINE, la levure, le sel, le beurre, le lait, les figues, les pistaches, les raisins, les dattes et les 2 œufs battus en omelette pour obtenir une pâte lisse et homogène. Laissez reposer 1 h 30 au frais.

2. ALLUMEZ VOTRE GAUFRIER et passez du papier absorbant trempé dans de l'huile sur les deux panneaux du gaufrier. Huilez les panneaux entre chaque gaufre.

3. FAITES CUIRE vos gaufres 6 min, puis saupoudrez-les de sucre glace.

gaufres *en bateau*

[Pour 4 personnes]

facile
repos : 1 h 30
préparation : 30 min
cuisson : 5 min

ingrédients

- 200 g de farine
- 1/2 sachet de levure chimique
- 1 pincée de sel
- 15 g de sucre
- 60 g de beurre fondu
- 40 cl de lait
- 2 œufs
- 3 cuillères à soupe de sucre glace

préparation

1. **Mélangez la farine,** la levure, le sel, le sucre, le beurre, le lait et les 2 œufs battus en omelette pour obtenir une pâte lisse et homogène. Laissez reposer 1 h 30 au frais.

2. **Allumez votre gaufrier** et passez du papier absorbant trempé dans de l'huile sur les deux panneaux du gaufrier. Huilez les panneaux entre chaque gaufre.

3. **Faites cuire** vos gaufres 5 min et déposez-les sur un rouleau à pâtisserie pour qu'elles prennent la forme d'un demi-cylindre.

4. **Saupoudrez-les de sucre** glace et garnissez-les avec une salade de fruits ou de la glace, accompagnée de chantilly et de sauce au chocolat.

gaufres *fourrées*

[Pour 4 personnes]

facile — **préparation : 30 min**
repos : 1 h 30 + 30 min — **cuisson : 5 min**

ingrédients

- 200 g de farine
- 8 g de levure de boulanger
- 1 pincée de sel
- 70 g de sucre semoule
- 2 œufs
- 80 g de beurre
- 15 cl de lait tiède
- 2 œufs
- 3 cuillères à soupe de sucre glace

préparation

1. **Mélangez la farine,** la levure délayée dans 15 cl de lait tiède, le sel, le sucre, le beurre ramolli et les 2 œufs battus en omelette pour obtenir une pâte lisse et homogène. Laissez reposer 1 h 30 à température ambiante.

2. **Formez des boules** de pâte de la taille d'un abricot. Laissez monter la pâte pendant 30 min.

3. **Allumez votre gaufrier** et passez du papier absorbant trempé dans de l'huile sur les deux panneaux du gaufrier. Huilez les panneaux entre chaque gaufre.

4. **Faites cuire les boules** de pâte une à une dans votre gaufrier.

5. **Une fois** les gaufres cuites, coupez-les en deux dans le sens de la largeur et laissez refroidir.

6. **Fourrez vos gaufres** selon votre envie (confiture, ganache, crème chantilly...), puis reformez vos gaufres.

gaufres *liégeoises*

[Pour 4 personnes]

facile **préparation : 30 min**
repos : 1 h 30 + 30 min **cuisson : 6-7 min**

ingrédients

- 200 g de farine
- 8 g de levure de boulanger
- 1 pincée de sel
- 70 g de sucre semoule
- 2 œufs
- 80 g de beurre
- 15 cl d'eau tiède
- 2 œufs
- 3 cuillères à soupe de sucre glace

préparation

1. **Mélangez la farine,** la levure délayée dans 15 cl d'eau tiède, le sel, le sucre, le beurre ramolli et les 2 œufs battus en omelette pour obtenir une pâte lisse et homogène. Laissez reposer 1 h 30 à température ambiante.
2. **Formez des boules** de pâte de la taille d'un abricot et roulez-les en cylindres.
3. **Allumez votre gaufrier** et passez du papier absorbant trempé dans de l'huile sur les deux panneaux du gaufrier. Huilez les panneaux entre chaque gaufre.
4. **Laissez monter** la pâte pendant 30 min et ensuite faites cuire les cylindres un à un dans votre gaufrier pendant 6 à 7 min.
5. **Saupoudrez** de sucre glace.

gaufres *roulées*

[Pour 4 personnes]

facile **préparation : 30 min**
repos : 1 h 30 **cuisson : 6 min**

ingrédients

- 150 g de farine
- 1/2 sachet de levure chimique
- 1 pincée de sel
- 2 cuillères à soupe de graines d'anis
- 15 g de sucre
- 60 g de beurre fondu
- 20 cl de crème liquide
- 2 œufs
- 150 g de sucre semoule

préparation

1 **Mélangez la farine,** la levure, le sel, le sucre, le beurre, la crème et les 2 œufs battus en omelette pour obtenir une pâte lisse et homogène. Laissez reposer 1 h 30 au frais.

2 **Allumez votre gaufrier** et passez du papier absorbant trempé dans de l'huile sur les deux panneaux du gaufrier. Huilez les panneaux entre chaque gaufre.

3 **Faites cuire les gaufres** pendant 6 min. Une fois cuites, roulez-les sur elles-mêmes et saupoudrez-les de sucre semoule.

4 **Servez chaud** ou froid.

gaufres *Suzette*

[Pour 4 personnes]

facile | **préparation : 30 min**
repos : 1 h 30 | **cuisson : 6 min**

ingrédients

- 200 g de farine
- 1/2 sachet de levure chimique
- 1 pincée de sel
- 15 g de sucre
- 60 g de beurre fondu
- 20 cl de lait
- Jus de 2 mandarines
- 2 œufs
- Zeste d'une mandarine
- 3 cuillères à soupe de sucre glace

Pour le beurre Suzette :

- 100 g de beurre
- 100 g de sucre glace
- Zeste râpé d'une mandarine
- 2 cuillères à soupe de curaçao

préparation

1. **MÉLANGEZ LA FARINE,** la levure, le sel, le sucre, le beurre, le lait, le jus de mandarines, le zeste et les 2 œufs battus en omelette pour obtenir une pâte lisse et homogène. Laissez reposer 1 h 30 au frais.

2. **ALLUMEZ VOTRE GAUFRIER** et passez du papier absorbant trempé dans de l'huile sur les deux panneaux du gaufrier. Huilez les panneaux entre chaque gaufre.

3. **FAITES CUIRE** vos gaufres 6 min, puis saupoudrez-les de sucre glace.

4. **MÉLANGEZ** les 100 g de sucre glace avec 100 g de beurre en pommade et ajoutez le zeste râpé d'une mandarine et le curaçao.

5. **SERVEZ LES GAUFRES** chaudes, garnies de beurre Suzette.

beignets d'agneau *à la farine de pois chiches*

[Pour 4 personnes]

facile **cuisson : 4-5 min** **préparation : 30 min**

ingrédients

- 200 g de farine de pois chiches
- 1 sachet de levure chimique
- 1 cuillère à café de coriandre en grains
- 25 cl de lait
- 1 pincée de sel
- 400 g de viande d'agneau hachée
- 3 cuillères à soupe de coriandre fraîche hachée
- 2 gousses d'ail
- 50 g de gingembre frais
- 1/2 yaourt nature

préparation

1. **MÉLANGEZ LA FARINE** de pois chiches, la levure, le sel, les graines de coriandre préalablement moulues et le lait pour obtenir une pâte lisse et homogène.

2. **PELEZ L'AIL** et le gingembre, et réduisez en purée dans un mortier.

3. **DANS UN BOL,** rassemblez la viande, la coriandre hachée, le 1/2 yaourt et la purée d'ail et de gingembre, mélangez bien.

4. **DIVISEZ LA VIANDE** hachée en boulettes de la taille d'un abricot et écrasez-les dans la paume de votre main pour faire des galettes.

5. **FAITES CHAUFFER** votre friteuse à 170 °C.

6. **TREMPEZ LES GALETTES** dans la pâte à beignets, puis faites-les cuire de 4 à 5 min.

7. **ÉGOUTTEZ LES BEIGNETS** sur une feuille de papier absorbant.

beignets *d'aubergine*

[Pour 4 personnes]

facile **repos : 1-2 h** **préparation : 30 min**
marinade : 30 min **cuisson : 6 min**

ingrédients

- 200 g de farine
- 2 œufs
- 2 blancs d'œufs
- 3 cl d'huile d'olive
- 25 cl de bière
- 3 feuilles de basilic hachées
- 1 pincée de sel
- 1 aubergine
- Le jus d'un citron
- 2 cuillères à soupe d'huile d'olive
- 2 gousses d'ail hachées
- Sel, poivre du moulin

préparation

1. **MÉLANGEZ LA FARINE,** le sel, la bière, le basilic, l'huile et les 2 œufs pour obtenir une pâte homogène et lisse.
2. **LAISSEZ REPOSER** de 1 à 2 h au frais. Incorporez délicatement 2 blancs d'œufs montés en neige juste avant de l'utiliser.
3. **COUPEZ L'AUBERGINE** en rondelles de 1 cm d'épaisseur et laissez mariner 30 min avec le jus de citron, l'ail, l'huile, le sel et le poivre.
4. **FAITES CHAUFFER** votre friteuse à 170 °C.
5. **ÉPONGEZ LES TRANCHES** d'aubergine à l'aide de papier absorbant, avant de les tremper dans la pâte à beignets.
6. **FAITES CUIRE LES BEIGNETS** d'aubergine 6 min et égouttez-les sur une feuille de papier absorbant.
7. **SALEZ ET SERVEZ** aussitôt.

beignets d'aubergine et de mozzarella

[Pour 4 personnes]

facile
repos : 2 h 30
préparation : 30 min
cuisson : 10 min

ingrédients

- 200 g de farine
- 80 g de maïzena
- 3 œufs
- 10 g de levure de boulanger
- 75 g de beurre fondu
- 1 aubergine
- 200 g de mozzarella
- 2 cuillères à soupe d'huile d'olive
- 2 gousses d'ail
- 1 pincée de sel

préparation

1. **MÉLANGEZ LA FARINE,** le beurre, les œufs, le sel, la maïzena et la levure délayée dans un peu d'eau tiède pour obtenir une pâte homogène et lisse. Réservez au frais 2 h.

2. **COUPEZ L'AUBERGINE** en rondelles et faites-les cuire dans une poêle avec l'huile d'olive pendant 5 min.

3. **ÉPLUCHEZ ET HACHEZ** l'ail. Parsemez l'ail haché sur les aubergines cuites.

4. **ÉTALEZ LA PÂTE** sur une surface farinée et, à l'aide d'un verre, découpez 16 ronds de pâte.

5. **PLACEZ 8 RONDS** de pâte sur une plaque recouverte d'une feuille de papier sulfurisé farinée. Posez dessus une tranche de mozzarella entre deux rondelles d'aubergine. Mouillez avec votre doigt les contours de la pâte. Pour finir, déposez par-dessus les 8 autres ronds de pâte. Enlevez l'excédant de pâte et laissez gonfler la pâte 30 min.

6. **FAITES CHAUFFER** votre friteuse à 170 °C et plongez-y les beignets pendant 5 min.

7. **UNE FOIS LES BEIGNETS** cuits, posez-les sur du papier absorbant et saupoudrez de sel.

beignets d'huîtres *aux noix de pécan*

[Pour 4 personnes]

facile **repos : 1-2 h** **préparation : 30 min**
égouttage : 30 min **cuisson : 1-2 min**

ingrédients

- 150 g de farine
- 2 œufs
- 2 blancs d'œufs
- 1 pincée de sel
- 3 cl d'huile d'arachide
- 10 cl de bière
- 50 g de noix de pécan hachées finement
- 8 huîtres grasses n° 2/3
- 1/2 cuillère à café de Tabasco vert
- Poivre du moulin

préparation

1 **MÉLANGEZ LA FARINE,** le sel, la bière, les noix de pécan, l'huile et les 2 œufs pour obtenir une pâte homogène et lisse.

2 **LAISSEZ REPOSER** de 1 à 2 h au frais. Incorporez délicatement 2 blancs d'œufs montés en neige juste avant de l'utiliser.

3 **OUVREZ LES HUÎTRES** et laissez-les égoutter 30 min.

4 **FAITES CHAUFFER** votre friteuse à 170 °C.

5 **METTEZ LES HUÎTRES** dans un bol, poivrez et ajoutez le Tabasco. Faites mariner 5 min ; égouttez à nouveau.

6 **PLONGEZ LES HUÎTRES** dans la pâte à beignets et, à l'aide d'une cuillère, mettez-les à frire de 1 à 2 min.

7 **ÉGOUTTEZ-LES** sur une feuille de papier absorbant, salez.

beignets de crevettes *marinées à la cardamome*

[Pour 4 personnes]

facile **repos : 1-2 h** **préparation : 30 min**
marinade : 30 min **cuisson : 1-2 min**

ingrédients

- 200 g de farine
- 2 œufs
- 2 blancs d'œufs
- 1 pincée de sel
- 3 cl d'huile d'arachide
- 25 cl de bière
- 12 grosses crevettes (ou 8 gambas)
- 1 pincée de cannelle
- 1 pincée de poivre noir
- 2 graines de cardamome pilées
- 1 cuillère à soupe d'huile d'olive
- Le jus d'1/2 citron vert
- 5 tiges de ciboulette hachées

préparation

1 **Mélangez la farine,** le sel, la bière, l'huile et les 2 œufs pour obtenir une pâte homogène et lisse.

2 **Laissez reposer** de 1 à 2 h au frais. Incorporez délicatement 2 blancs d'œufs montés en neige juste avant de l'utiliser.

3 **Décortiquez** les crevettes.

4 **Dans un bol,** mettez la cannelle, le poivre, la cardamome, la ciboulette hachée, le jus de citron vert et l'huile d'olive, ajoutez les crevettes et laissez mariner 30 min.

5 **Faites chauffer** votre friteuse à 170 °C.

6 **Trempez les crevettes** dans la pâte à beignets, puis plongez-les dans le bain de friture de 1 à 2 min.

7 **Une fois les beignets cuits,** déposez-les sur du papier absorbant.

beignets de fèves *et de pois chiches*

[Pour 4 personnes]

facile — **préparation : 30 min**
trempage : 24 h — **cuisson : 4-5 min**

ingrédients

- 125 g de fèves sèches
- 70 g de pois chiches
- 125 g d'oignons
- 15 g d'ail
- 1 g de paprika
- 2 pincées de sel
- 1 bouquet de persil plat
- 20 g de farine

préparation

1. **Faites tremper les fèves** et les pois chiches pendant 24 h. Égouttez-les.
2. **Coupez les oignons** en gros cubes.
3. **Mixez les fèves,** le persil, les cubes d'oignons, les pois chiches et l'ail pour obtenir une pâte lisse.
4. **Ajoutez à la pâte,** le sel, le paprika et la farine et mélangez.
5. **Faites chauffer** votre friteuse à 160 °C.
6. **Confectionnez des boules** de pâte de la taille d'un abricot et aplatissez-les dans la paume de votre main pour faire des disques de 1,5 cm d'épaisseur.
7. **Faites cuire les beignets** de 4 à 5 min, en faisant attention qu'ils ne brûlent pas.
8. **Égouttez les beignets** sur une feuille de papier absorbant.

beignets de foie gras *et de morilles*

[Pour 4 personnes]

facile **repos : 1-2 h** **préparation : 30 min**
marinade : 30 min **cuisson : 3 min**

ingrédients

- 200 g de farine
- 2 œufs
- 2 blancs d'œufs
- 3 cl d'huile d'arachide
- 20 cl de bière
- 4 morilles fraîches hachées finement
- 1 pincée de sel
- 300 g de foie gras
- 10 cl de porto
- Sel, poivre du moulin
- 4 piques en bois

préparation

1. **Mélangez la farine,** la bière, les morilles, le sel, l'huile et les 2 œufs pour obtenir une pâte homogène et lisse.

2. **Laissez reposer** de 1 à 2 h au frais. Incorporez délicatement 2 blancs d'œufs montés en neige juste avant de l'utiliser.

3. **Coupez le foie gras** en 4 tranches et faites-les mariner avec le porto, le sel et le poivre pendant 30 min.

4. **Piquez les tranches** de foie gras avec les piques en bois et trempez-les dans la pâte à beignets.

5. **Faites chauffer** votre friteuse à 170 °C.

6. **Faites cuire** les beignets de foie gras pendant 3 min et égouttez-les sur une feuille de papier absorbant.

beignets *de salsifis noirs*

[Pour 4 personnes]

facile
repos : 1-2 h
préparation : 30 min
cuisson : 15 min

ingrédients

- 100 g de farine
- 100 g de noisettes en poudre
- 2 œufs
- 2 blancs d'œufs
- 1 pincée de sel
- 3 cl d'huile d'arachide
- 25 cl de bière
- 300 g de salsifis noirs
- Le jus d'un citron
- 1 cuillère à soupe de persil plat haché
- 1 cuillère à café de curry
- 1 cuillère à café d'huile de noisettes
- 2 pincées de piment de Cayenne

préparation

1. MÉLANGEZ LA FARINE, le sel, la poudre de noisettes, la bière, l'huile et les 2 œufs pour obtenir une pâte homogène et lisse.
2. LAISSEZ REPOSER de 1 à 2 h au frais. Incorporez délicatement 2 blancs d'œufs montés en neige juste avant de l'utiliser.
3. ÉPLUCHEZ LES SALSIFIS et faites-les cuire dans une grande quantité d'eau salée pendant 10 min, puis égouttez.
4. COUPEZ LES SALSIFIS en tronçons de 5-6 cm de long. Mélangez-les avec le persil, le jus de citron, le curry, le piment de Cayenne et l'huile de noisettes.
5. FAITES CHAUFFER votre friteuse à 170 °C.
6. TREMPEZ LES SALSIFIS dans la pâte à beignets, puis faites-les cuire de 1 à 2 min.
7. UNE FOIS LES BEIGNETS CUITS, déposez-les sur du papier absorbant et saupoudrez-les de sel.

beignets de thon rouge *à l'orange*

[Pour 4 personnes]

facile **repos : 1-2 h** **préparation : 30 min**
marinade : 15 min **cuisson : 2 min**

ingrédients

- 200 g de farine
- 2 œufs
- 2 blancs d'œufs
- 3 cl d'huile d'olive
- 25 cl de bière
- 1 cuillère à soupe de coriandre hachée
- 1 cuillère à soupe de persil haché
- 1 pincée de sel
- Zeste râpé d'1/2 orange
- 300 g de thon rouge
- Le jus d'une orange
- 1 échalote
- Sel, poivre du moulin

préparation

1. MÉLANGEZ LA FARINE, la bière, le zeste d'orange, la coriandre, le persil haché, le sel, l'huile et les 2 œufs pour obtenir une pâte homogène et lisse.

2. LAISSEZ REPOSER de 1 à 2 h au frais. Incorporez délicatement 2 blancs d'œufs montés en neige juste avant de l'utiliser.

3. ENLEVEZ LA PEAU et les arêtes du thon et coupez-le en lanières de 10 cm x 2 cm. Faites-les mariner dans le jus d'orange, l'échalote hachée, du sel et du poivre du moulin pendant 15 min.

4. ÉGOUTTEZ LES LANIÈRES de thon avant de les tremper dans la pâte à beignets.

5. FAITES CHAUFFER votre friteuse à 170 °C.

6. FAITES CUIRE LES BEIGNETS de thon 2 min, puis égouttez-les sur une feuille de papier absorbant et salez.

beignets de tomates *à la menthe*

[Pour 4 personnes]

facile **préparation : 30 min**
repos : 2 h + 30 min **cuisson : 5 min**

ingrédients

- 100 g de farine
- 100 g de farine de châtaignes
- 80 g de maïzena
- 1 pincée de sel
- 1 cuillère à café de graines de sésame
- 3 œufs
- 10 g de levure boulanger
- 75 g de beurre fondu
- 2 grosses tomates fermes
- 1 pincée d'herbes de Provence
- 2 gousses d'ail
- 8 feuilles de menthe
- Gros sel, poivre

préparation

1. **Mélangez la farine,** le sel, la farine de châtaignes, le beurre, les 3 œufs, les graines de sésame, la maïzena et la levure délayée dans un peu d'eau tiède pour obtenir une pâte homogène et lisse. Réservez au frais pendant 2 h.

2. **Coupez les tomates** en quatre dans le sens de la largeur pour faire 8 rondelles épaisses. Saupoudrez d'herbes de Provence, de gros sel et d'ail haché. Poivrez.

3. **Étalez la pâte** sur une surface farinée. À l'aide d'un verre, découpez 16 ronds de pâte.

4. **Sur une plaque** recouverte d'une feuille de papier sulfurisé farinée, placez 8 ronds de pâte. Déposez dessus les tranches de tomates et une feuille de menthe.

5. **Mouillez avec votre doigt** les contours de la pâte. Pour finir, posez par-dessus les 8 autres ronds de pâte. Enlevez l'excédant de pâte et laissez lever la pâte 30 min.

6. **Faites chauffer** votre friteuse à 170 °C. Plongez les beignets dans le bain de friture pendant 5 min.

7. **Une fois les beignets cuits,** égouttez-les sur du papier absorbant et saupoudrez-les de sel.

beignets soufflés *au fromage*

[Pour 4 personnes]

facile | **cuisson : 5 min** | **préparation : 30 min**

ingrédients

- 100 g de farine
- 25 cl d'eau
- 1 pincée de sel
- 100 g de beurre
- 2 œufs
- 50 g de gruyère râpé
- 20 g de parmesan
- 1 pincée de piment de Cayenne
- 1 cuillère à soupe de paprika

préparation

1. PORTEZ À ÉBULLITION l'eau, le sel et le beurre.
2. VERSEZ LA FARINE dans l'eau et, hors du feu, mélangez pour obtenir une pâte lisse et homogène.
3. AJOUTEZ LES DEUX FROMAGES et le piment de Cayenne, puis incorporez un à un les œufs et laissez refroidir.
4. FORMEZ DES BOULES de pâte de la grosseur d'une noix.
5. FAITES CHAUFFER votre friteuse à 170 °C.
6. PLONGEZ LES BEIGNETS dans le bain de friture et laissez cuire 5 min.
7. ÉGOUTTEZ-LES sur une feuille de papier absorbant, saupoudrez de paprika et servez chaud.

beignets d'ananas
et piment d'Espelette

[Pour 4 personnes]

facile
repos : 1-2 h
préparation : 30 min
cuisson : 5 min

ingrédients

- 200 g de farine
- 1 pincée de sel
- 2 œufs
- 2 blancs d'œufs
- 3 cl d'huile d'arachide
- 25 cl de bière brune
- 1/2 cuillère à café de piment d'Espelette
- 4 belles tranches d'ananas
- 1 sachet de sucre vanillé
- Poivre noir du moulin
- 3 cuillères à soupe de sucre glace

préparation

1. **MÉLANGEZ LA FARINE,** le sel, les 2 œufs, l'huile, la bière et le piment d'Espelette pour obtenir une pâte lisse et homogène.
2. **LAISSEZ REPOSER** de 1 à 2 h au frais. Incorporez délicatement les 2 blancs d'œufs montés en neige juste avant de l'utiliser.
3. **SAUPOUDREZ LES TRANCHES** d'ananas avec le sucre vanillé et 2/3 de tour de moulin à poivre.
4. **FAITES CHAUFFER** votre friteuse à 170 °C.
5. **TREMPEZ LES TRANCHES** d'ananas dans la pâte à beignets et faites-les cuire 5 min dans le bain de friture.
6. **UNE FOIS LES BEIGNETS CUITS,** égouttez-les sur du papier absorbant et saupoudrez généreusement de sucre glace.

beignets de banane
au gingembre et au citron vert

[Pour 4 personnes]

facile **préparation : 30 min**
repos : 1-2 h **cuisson : 15 min**

ingrédients

- 200 g de farine
- 1 pincée de sel
- 2 œufs
- 2 blancs d'œufs
- 3 cl d'huile d'arachide
- 25 cl de bière blanche
- Zeste d'un citron vert
- 100 g de sucre
- Jus d'un citron vert
- 50 g de gingembre frais
- 2 cuillères à soupe d'eau
- 4 bananes
- 4 cuillères à soupe de sucre glace

préparation

1. **Mélangez la farine,** le sel, la bière, le zeste de citron, l'huile et les 2 œufs pour obtenir une pâte homogène et lisse.

2. **Laissez reposer** de 1 à 2 h au frais. Incorporez délicatement 2 blancs d'œufs montés en neige juste avant de l'utiliser.

3. **Épluchez et coupez** en petits dés le gingembre. Mettez-les dans une casserole avec le sucre, l'eau et le jus de citron vert et portez à ébullition. Filtrez et réservez au frais.

4. **Faites chauffer** votre friteuse à 170 °C.

5. **Épluchez les bananes** et enrobez-les de pâte à beignets, puis plongez-les dans le bain de friture de 3 à 4 min.

6. **Une fois les beignets cuits,** égouttez-les sur du papier absorbant et saupoudrez généreusement de sucre glace.

7. **Dressez sur une assiette** en arrosant de sirop de gingembre.

beignets
de figues

[Pour 4 personnes]

facile
marinade : 30 min
préparation : 40 min
cuisson : 2-3 min

ingrédients

- 200 g de farine
- 1 pincée de sel
- 2 œufs
- 2 blancs d'œufs
- 3 cl d'huile d'arachide
- 25 cl de bière
- 4 belles figues
- 10 cl de Soho
- 10 g de sucre semoule
- Zeste râpé d'1/2 citron
- 3 cuillères à soupe de sucre glace

préparation

1. **Mélangez la farine,** le sel, la bière, le zeste de citron, l'huile et les 2 œufs pour obtenir une pâte homogène et lisse.
2. **Laissez reposer** de 1 à 2 h au frais. Incorporez délicatement 2 blancs d'œufs montés en neige juste avant de l'utiliser.
3. **Coupez les figues** en quartiers et faites-les macérer dans le Soho et le sucre pendant 30 min.
4. **Faites chauffer** votre friteuse à 170 °C.
5. **Épongez les quartiers** de figues avec du papier absorbant avant de les tremper dans la pâte à frire.
6. **Faites cuire les beignets** de 2 à 3 min, puis égouttez-les sur une feuille de papier absorbant et saupoudrez généreusement de sucre glace.

beignets *de pommes*

[Pour 4 personnes]

facile
repos : 1-2 h
préparation : 30 min
cuisson : 5 min

ingrédients

- 200 g de farine
- 1 pincée de sel
- 2 œufs
- 2 blancs d'œufs
- 3 cl d'huile d'arachide
- 25 cl de bière brune
- 2 pommes
- 4 cuillères à soupe de sucre glace

préparation

1. **Mélangez la farine,** le sel, les 2 œufs, l'huile et la bière pour obtenir une pâte lisse et homogène.
2. **Laissez reposer** de 1 à 2 h au frais. Incorporez délicatement 2 blancs d'œufs montés en neige juste avant de l'utiliser.
3. **Épluchez,** évidez les pommes, puis coupez chacune en quatre.
4. **Faites chauffer** votre friteuse à 170 °C.
5. **Plongez les quartiers** de pommes dans la pâte à beignets, puis faites-les cuire 5 min dans le bain de friture.
6. **Une fois** les beignets cuits, déposez-les sur du papier absorbant et saupoudrez généreusement de sucre glace.

beignets de semoule
parfumés à la fleur d'oranger

[Pour 4 personnes]

facile — **préparation : 30 min**
repos : 45 min — **cuisson : 5 min**

ingrédients

- 200 g de semoule de blé dur fine
- 1 pincée de sel
- 15 g de levure de boulanger
- 2 cuillères à soupe d'huile d'arachide
- 1 cuillère à café d'eau de fleurs d'oranger
- 20 cl d'eau tiède
- 50 g de raisins secs
- 20 g de pistaches hachées
- 3 cuillères à soupe de sucre glace
- 1 cuillère à café de cannelle

préparation

1. **Faites gonfler** les raisins secs dans de l'eau tiède. Égouttez et réservez.
2. **Délayez la levure** dans 20 cl d'eau tiède.
3. **Mélangez la semoule,** l'eau et la levure, le sel, l'eau de fleurs d'oranger, les raisins, l'huile et les pistaches pour obtenir une pâte homogène. Laissez reposer 45 min.
4. **Faites chauffer** votre friteuse à 170 °C.
5. **Humidifiez vos mains** avec de l'eau et formez des boules de pâte de la taille d'une noix et aplatissez-les pour former de petites galettes.
6. **Plongez les galettes** dans le bain de friture et faites cuire les beignets de 2 à 3 min.
7. **Égouttez les beignets** sur une feuille de papier absorbant et saupoudrez de sucre glace et de cannelle.

index

Ouvrage collectif créé par Losange
Avec la collaboration de : Samuel Butler, Serge Quinty, Patrick André, Jean Arbeille, Hervé Chaumeton

Coordination éditoriale : Laurence Dechel
PAO : Francis Rossignol, Isabelle Véret
Photogravure : Stéphanie Henry, Chantal Mialon

ISBN : 978-2-84416-426-1
N° d'éditeur : 84416
Dépôt légal : janvier 2006

Achevé d'imprimer : août 2010
Imprimé en Chine par Toppan Leefung